CORALIE FERREIRA
FOTOS: CHARLY DESLANDES

Ramen

INHALT

JAPANISCH

INTERNATIONAL

INTERNATIONAL (FORTSETZUNG)

GRUNDLAGEN

WICHTIGE ZUTATEN
ENOKI
SESAM
SHISO
NARUTO
SHISHIMI
KOMBU-ALGEN
SAKE
SOJASAUCE
EDAMAME
MISOPASTE
SESAMÖL
CHILIPASTE

KISHIMEN
沙河粉
PREPARATION ALIMENTAIRE A BASE DE BLE TENDRE
JAPANESE STYLE UDON NOODLE
EAGLOBE
鷹球牌
INGREDIENTS: WHEAT FLOUR 89%, SALT, WATER
INGREDIENTS: FARINE DE BLE 89%, SEL, EAU
NET WT. 8 oz
POIDS NET: 227g
NISSIN
日清食品
出前一丁
DEMAE RAMEN
JAPANESE NOODLESOUP/ SOUPE DE NOUILLES JAPONAISES
JAPANISCHE NUDELSUPPE/ JAPANSE NOODLESOEP
JAPANSK NUDELSOPPA/ PASTA GIAPPONESE CON MINESTRA
麻油味
SESAME FLAVOUR
AU GOÛT DE SÉSAME
SESAM-GESCHMACK
SESAMSMAAK
SESAMSMAK
中華麺
RAMEN

RAMEN

Auch wenn Ramen (ausgesprochen *la-men*) aus Japan zu uns gekommen ist, ist diese nahrhafte Nudelsuppe tatsächlich chinesischen Ursprungs (chinesisch: *lā miàn*). Chinesische Arbeiter brachten sie in die japanischen Dörfer und gaben der geschmackvollen Brühe gehaltvolle, aber preiswerte Zutaten bei.

Die Japaner nahmen die Nudelsuppe nicht nur an, sondern machten sie im Land der aufgehenden Sonne zum Nationalgericht par excellence. Heute gibt es Ramen an allen Straßenecken in den *Ramenya*, und es gibt so viele Rezepte, wie es Regionen, Dörfer, Städte und Restaurants gibt.

Traditionell besteht Ramen aus ***drei Grundzutaten:***

– ***Die Buchweizennudeln.*** Es gibt sie in den unterschiedlichsten Formen: für leichtere Brühen vorzugsweise gelockt oder gewellt, flach und glatt für die etwas gehaltvolleren Gerichte. Ebenso wie die Italiener ihre Nudeln mehr oder weniger *al dente* kochen, wissen auch die Japaner genau, welche Kochzeit die unterschiedlichen Zubereitungsarten benötigen (*yawarakame* nennt man die weich gekochten Nudeln, *katame* sagt man zu den etwas festeren). Während die Nudeln für Ramen in den Restaurants meist selbst gemacht sind, findet man sie im Asiashop frisch (im Kühlregal) oder trocken (klassisch oder instant).

– ***Die Brühe.*** Am häufigsten nimmt man *Tonkotsu*, eine Brühe auf der Basis von Schweineknochen und -füßen, die durch langes Kochen gehaltvoll und dickflüssig wird. Je nach Geschmack kann sie mehr oder weniger Fett enthalten. Außerdem gibt es noch Hühnerbrühen und, allerdings seltener, Brühen auf der Basis von Rind, Fisch, Meeresfrüchten und auch Gemüse. Auch die Würze kann variieren: Man nimmt *Shio* (oder Salz), *Shôyu* (Sojasauce) oder *Miso* (Paste aus fermentierten Sojabohnen). Wichtig ist, dass Sie Ihre Brühe ohne Salz zubereiten, wenn Sie sich für eine Würze aus Sojasauce oder Miso entscheiden. Deren Salzgehalt ist ausreichend. Ein weiterer wichtiger Punkt: Je länger die Brühe kocht, desto stärker wird ihr Geschmack und desto gehaltvoller wird sie (siehe Rezepte S. 72, 74 oder 76).

– ***Die Einlagen.*** Schweinefleisch *Chashu* ist eine der wichtigsten Zutaten einer klassischen *Ramen* (siehe Rezept S. 70). Es handelt sich um gerollte Schweinebrust, geschmort und in einer Mischung aus Sojasauce, Sake und Mirin mariniert. Serviert wird das Fleisch in sehr dünnen Scheiben. Unverzichtbar sind auch *Shinachiku* (Bambussprossen), gehackter Schnittlauch, Sojasprossen und *Ajitsuke Tamago* (marinierte Eier, siehe Rezept S. 68). Außerdem können auch Schweinehackfleisch, Mais, Algen und *Naruto* (weiß-rote Fischpastete), Shiitakepilze oder Champignons (*Kikurage*) und vieles mehr verwendet werden. Um den Geschmack Ihrer Ramen zu verfeinern, können Sie noch einige Tropfen *La-Yu*-Öl (würziges Sesamöl mit Chili) oder *Mayu*-Öl (dunkles Knoblauchöl), *Tsukemono* (eingelegtes Gemüse), Knoblauch (trocken, frisch, gebraten oder gepresst), Ingwer, *Shichimi* (Gewürzmischung aus Piment, Sesam, Mandarinenzesten, Mohn- und Hanfsamen, schwarzen Algen und Pfeffer) und selbstverständlich schwarze oder weiße Sesamsamen zugeben. ***Ran an die Stäbchen!***

ZUZUTTO

In unseren Breiten gilt es als Ausdruck schlechter Manieren, beim Essen zu schlürfen, nicht so in Japan! Im Gegenteil, es ist sogar besser, seine Nudelsuppe mit einem Schlürfkonzert zu genießen als in aller Stille. Dieses Schlürfgeräusch, das beim raschen Einsaugen der Nudeln entsteht, wird als ***Zuzutto*** bezeichnet.

Das *Zuzutto* gilt sowohl als Zeichen der Reinlichkeit als auch der Wertschätzung für dieses Gericht. Genauso werden Ramen genossen – und nur so schmecken sie.

Die Nudeln werden in einer sehr heißen Brühe serviert und sollten schnell gegessen werden, damit sie nicht zu weich werden. Ein weiterer Grund für das Schlürfen ist, dass man nur so alle Aromen einer Ramen genießen kann: Denn nur durch das schnelle Einsaugen gelangt man auch in den Genuss der famosen Brühe. ***Es gibt keine bessere Art, die Geschmacksvielfalt einer Ramen einzusaugen …*** also schlürfen Sie los!

RAMEN, DAS GRUNDREZEPT

ZUBEREITUNGSZEIT: 30 MIN.
RUHEZEIT: 1 NACHT
GARZEIT: 1 MIN.

Zutaten für 4 Personen

- 1 TL Natron
- 150 ml heißes Wasser
- 300 g Mehl
- Salz

- Das Natron am Vortag in heißem Wasser auflösen.

- Die Küchenmaschine oder den Mixer mit Knethaken ausstatten und das Mehl in die Rührschüssel geben. Das Natronwasser zugießen und 8 – 10 Minuten kneten, bis sich ein großer, heller Teiglaib gebildet hat. Aus der Küchenmaschine heben und mit den Händen zu einer Kugel formen.

- Die Kugel halbieren. Zwei Quadrate formen, mit Klarsichtfolie einwickeln und über Nacht im Kühlschrank aufbewahren.

- Am nächsten Tag die Folie entfernen und den Teig sehr dünn ausrollen. Zu Bandnudeln oder Spaghetti schneiden.

- Die Ramen leicht bemehlen, damit sie vor dem Kochen nicht aneinanderhaften. In einen Topf mit kochendem Salzwasser geben und 1 Minuten garen. Abgießen.

Natürlich können Sie zur Herstellung der Ramen auch eine Nudelmaschine verwenden. Wenn Ihnen die Zeit fehlt, können Sie die Nudeln auch fertig kaufen, entweder trocken oder frisch.

TONKOTSU RAMEN

ZUBEREITUNGSZEIT: 15 MIN.
GARZEIT: 10 MIN.

Zutaten für 4 Personen

- 10 Knoblauchzehen
- Pflanzenöl
- 45 ml Sesamöl
- 40 g Sojasprossen
- 50 g Enokipilze
- 2 Lauchzwiebeln
- 400 g Ramen
- 2 l sehr heiße dicke Schweinebrühe (siehe Rezept S. 74)
- 4 Eier Ajitsuke Tamago (siehe Rezept S. 68)
- 2 EL getrocknete Algen
- 12 Scheiben Schweinefleisch Chashu (siehe Rezept S. 70)

- Die Knoblauchzehen schälen. 6 Zehen halbieren und in einer Pfanne mit etwas Pflanzenöl vorsichtig frittieren. Auf einem Teller beiseitestellen (die Pfanne mit Küchenpapier auswischen).

- Die restlichen Knoblauchzehen halbieren, in die Pfanne geben und mit dem Sesamöl dünsten, bis auch sie braun sind. Zusammen mit dem Öl im Mixer pürieren.

- Sojasprossen und Pilze waschen und abtupfen. Die Lauchzwiebeln waschen und in dünne Ringe schneiden.

- Die Ramen in einem großen Topf mit kochendem Wasser nach Packungsanweisung garen. Abgießen und auf 4 Schalen verteilen. Mit der heißen Brühe übergießen.

- Die marinierten Eier halbieren und zugeben. Pilze, Sojasprossen, Algen, Lauchzwiebeln und Chashu-Scheiben darauf verteilen. Mit einigen Tropfen Sesam-Knoblauch-Öl beträufeln und mit den frittierten Knoblauchzehen bestreuen. Mit Sojasauce und Shishimi servieren.

SHIO RAMEN

ZUBEREITUNGSZEIT: 20 MIN.
GARZEIT: 10 MIN.

Zutaten für 4 Personen

- 4 frische Eier
- 1 Pak Choy (Chinakohl)
- 2 Lauchzwiebeln
- 400 g Ramen
- 2 l sehr heiße Hühnerbrühe (siehe Rezept S. 72)
- Salz
- 8 Scheiben Schweinefleisch Chashu (siehe Rezept S. 70)
- 50 g Bambussprossen (aus der Dose)
- 100 g Naruto (weiß-rote Fischpastete), zerkleinert
- 2 EL Röstzwiebeln

• Die Eier wie in Schritt 1 des Rezeptes auf S. 68 kochen (Ajitsuke Tamago).

• Den Pak Choy waschen und die Stiele entfernen. Die Lauchzwiebeln waschen und in dünne Ringe schneiden.

• Die Ramen in einem großen Topf mit kochendem Wasser nach Packungsanweisung garen. Abgießen und auf 4 Schalen verteilen.

• Die heiße Brühe mit Salz abschmecken und zugießen. Pak-Choy-Blätter, Chashu-Scheiben, Bambussprossen, Naruto und Lauchzwiebeln darauf verteilen. Mit den Röstzwiebeln bestreuen und sofort servieren.

Sie können die Ramen auch mit Pak-Choy-Blüten bestreuen, die jedoch bei uns nicht in jedem Asiashop erhältlich sind.

TORI RAMEN

ZUBEREITUNGSZEIT: 30 MIN.
MARINIERZEIT: 2 STD.
GARZEIT: 20 MIN.

Zutaten für 4 Personen

- 2 Hähnchenbrustfilets
- 2 EL Sojasauce
- 2 EL Mirin (süßer japanischer Reiswein)
- Salz
- 250 g Shiitakepilze
- Pflanzenöl
- 4 frische Eier
- 8 Babymaiskolben
- 400 g Ramen
- 2 l sehr heiße Hühnerbrühe (siehe Rezept S. 72)
- 2 Lauchzwiebeln, gehackt
- 4 Shisoblätter
- Weiße Sesamsamen

• Die Hähnchenbrustfilets in einen tiefen Teller legen. Sojasauce und Mirin verrühren und über das Fleisch gießen. 2 Stunden marinieren.

• Das Fleisch zu einer Wurst zusammenrollen und mit Klarsichtfolie fest umwickeln. 10 Minuten in einem großen Topf mit kochendem Salzwasser pochieren.

• In der Zwischenzeit die Shiitakepilze kurz waschen und die verholzten Stielenden abschneiden. Das Pflanzenöl in einer Pfanne erhitzen und die Pilze bei mittlerer Hitze 10 Minuten dünsten.

• Die Eier wie in Schritt 1 des Rezeptes auf S. 68 kochen (Ajitsuke Tamago).

• Die Babymaiskolben in einem Topf mit kochendem Wasser 2 Minuten blanchieren und abgießen.

• Die Ramen in einem großen Topf mit kochendem Wasser nach Packungsanweisung garen. Abgießen und auf 4 Schalen verteilen.

• Das Fleisch aus dem Wasser heben und die Folie entfernen. In dünne Scheiben schneiden und zu den Nudeln geben.

• Nudeln und Fleisch mit der sehr heißen Brühe übergießen. Lauchzwiebeln, Pilze, Babymaiskolben, Shisoblätter und die halbierten Eier darauf verteilen. Mit weißen Sesamsamen bestreuen und sofort servieren.

TAN TAN RAMEN

ZUBEREITUNGSZEIT: 40 MIN.
GARZEIT: 25 MIN.

Zutaten für 4 Personen

- 4 frische Eier
- 400 g Schweinehackfleisch
- 6 EL Sake
- 4 EL Pflanzenöl
- 3 EL Sojasauce
- 3 EL Hoisinsauce
- 6 Knoblauchzehen
- 2 Lauchzwiebeln
- 400 g Ramen
- Weiße Sesamsamen, geröstet

Für die Brühe

- 4 EL Sesamöl
- 4 EL Reisessig
- 6 EL Sojasauce
- 8 EL Sesampaste (Tahini)
- 1 EL scharfe Sojapaste (Tobanjan)
- 1 l dicke Schweinebrühe (siehe Rezept S. 74)
- 1 l Hühnerbrühe (siehe Rezept S. 72)

• Die Eier 8 Minuten in einem Topf mit kochendem Wasser hart kochen. Abgießen, unter kaltem Wasser abschrecken und schälen.

• Hackfleisch und Sake vermischen. 2 Esslöffel Pflanzenöl in einer Pfanne erhitzen und das Fleisch anbraten. Soja- und Hoisinsauce unterrühren. Weitere 10–15 Minuten braten, bis das Fleisch weich ist. Abdecken.

• Die Knoblauchzehen schälen, halbieren und entkeimen. Das restliche Öl in einem kleinen Topf erhitzen und die Knoblauchzehen bei schwacher Hitze 2–3 Minuten braten. Auf 4 Schalen verteilen.

• Die Lauchzwiebeln waschen und in dünne Ringe schneiden.

• Die Ramen in einem großen Topf mit kochendem Wasser nach Packungsanweisung garen. Abgießen und auf die Schalen verteilen.

• Für die Brühe: Sesamöl, Reisessig, Sojasauce, Sesam- und Sojapaste in einer Schüssel verrühren.

• Schweine- und Hühnerbrühe in einen Topf gießen, verrühren und aufkochen. Nach und nach zu der vorbereiteten Mischung gießen und sorgfältig verrühren.

• Die Brühe in die Schalen gießen. Hackfleisch, Zwiebeln und die halbierten Eier darauf verteilen. Mit den gerösteten Sesamsamen bestreuen und sofort servieren.

SHOYU RAMEN MIT MEERESFRÜCHTEN

ZUBEREITUNGSZEIT: 30 MIN.
EINWEICHZEIT: 2 STD.
GARZEIT: 5 MIN.

Zutaten für 4 Personen

- 20 Venusmuscheln
- 12 rohe Garnelen
- 1 Stange Lauch
- 2 Lauchzwiebeln
- 100 g Naruto (weiß-rote Fischpastete)
- 400 g Ramen
- 2 l Fischbrühe (siehe Rezept S. 76)
- 150 ml Sojasauce

• Die Muscheln etwa 2 Stunden in eine Schüssel mit kaltem Wasser legen, um sie vom Sand zu lösen. Das Wasser dabei mehrfach auswechseln.

• Die Garnelen schälen, dabei den Schwanz nicht lösen. Vorsichtig am Rücken einschneiden und den schwarzen Darm entfernen.

• Lauch und Lauchzwiebeln waschen und in sehr dünne Ringe schneiden. Das Naruto ebenfalls in dünne Scheiben schneiden.

• Die Ramen in einem großen Topf mit kochendem Wasser nach Packungsanweisung garen. Abgießen und auf 4 Schalen verteilen.

• Die Fischbrühe aufkochen, die Garnelen zugeben und 1 Minute mitkochen. Mit einem Schaumlöffel herausheben und auf die Schalen verteilen.

• Die Muscheln in die Brühe geben und 3–4 Minuten kochen, bis sie geöffnet sind (die Muscheln, die sich nicht geöffnet haben, wegwerfen).

• Die Sojasauce auf die Schalen verteilen und alles mit der sehr heißen Brühe übergießen. Naruto, Lauch und Lauchzwiebeln zugeben und sofort servieren.

YASAI RAMEN

ZUBEREITUNGSZEIT: 30 MIN.
GARZEIT: 1 STD. 45 MIN.

Zutaten für 4 Personen

- 400 g Ramen

Für die Gemüsebrühe

- 1 Zwiebel
- 3 Knoblauchzehen
- 1 Selleriestange
- 1 Stange Lauch
- 2 Möhren
- 4-cm-Stück frischer Ingwer
- 6 getrocknete Shiitakepilze
- 1 Blatt Kombu-Algen
- Weiße Sesamsamen, geröstet

Für die Einlagen

- 2 Lauchzwiebeln
- 40 g junger Blattspinat
- 60 g Zuckerschoten
- 150 g kleine Shiitakepilze
- 40 g Enokipilze
- Pflanzenöl
- Salz
- 4 frische Eier
- 4 TL Mirin (süßer japanischer Reiswein)
- 4 TL Sojasauce

Für die Brühe: Die Zwiebel halbieren. Die Knoblauchzehen schälen und hacken. Sellerie und Lauch schälen und in Stücke schneiden. Möhren und Ingwer schälen und fein würfeln. Einen großen Topf ohne Fett erhitzen und die Zwiebeln auf der Schnittseite kräftig bräunen. Ingwer, Sellerie, Möhren, Lauch, Knoblauch, Shiitakepilze und Kombu-Algen zugeben. Mit 2,5 Litern Wasser übergießen und 1 Stunde 30 Minuten leise köcheln.

Für die Einlagen: Die Lauchzwiebeln waschen und in dünne Ringe schneiden. Spinatblätter und Zuckererbsen waschen und putzen. Die verholzten Stielenden der Pilze entfernen. 2 Esslöffel Pflanzenöl in einer Pfanne erhitzen und die Pilze 10 Minuten bei mittlerer Hitze dünsten. Auf einem Teller beiseitestellen. Die Zuckerschoten in die Pfanne geben und 2 Minuten dünsten. Ebenfalls beiseitestellen.

Die Ramen in einem großen Topf mit kochendem Wasser nach Packungsanweisung garen. Abgießen und auf 4 Schalen verteilen.

In einem Topf Salzwasser aufkochen. 1 Ei aufschlagen und vorsichtig in die Mitte des Topfes gleiten lassen. Das Wasser um das Ei verrühren, bis das Eiweiß rund um das Eigelb gerinnt. Mit einem Schaumlöffel herausheben und beiseitestellen. Mit den restlichen Eiern ebenso verfahren.

Mirin und Sojasauce auf die Schalen verteilen und mit der sehr heißen, gefilterten Gemüsebrühe übergießen. Je 1 pochiertes Ei, Pilze, Spinatblätter, Zuckerschoten, Lauchzwiebeln und Sesamsamen zugeben und servieren.

MISO RAMEN MIT MAIS

ZUBEREITUNGSZEIT: 25 MIN.
MARINIERZEIT: 1 STD.
GARZEIT: 10 MIN.

Zutaten für 4 Personen

- 4 frische Eier
- 100 ml Sojasauce
- 2 Lauchzwiebeln
- 20 g Butter
- 200 g gekochte Maiskörner
- 400 g Chuka Soba (gedrehte Nudeln)
- 4 EL weiße Misopaste (Shiro Miso)
- 2 l sehr heiße Hühnerbrühe (siehe Rezept S. 72)
- 8 Scheiben Schweinefleisch Chashu (siehe Rezept S. 70)
- 50 g Sojasprossen

- Die Eier wie in Schritt 1 des Rezeptes auf S. 68 kochen (Ajitsuke Tamago).
- Die Sojasauce mit 100 ml Wasser übergießen und über die Eier gießen. Etwa 1 Stunde marinieren.
- Die Lauchzwiebeln waschen und in dünne Ringe schneiden.
- Die Butter in einer Pfanne zerlassen und die Maiskörner 4 – 5 Minuten anbraten.
- Die Sobanudeln in einem großen Topf mit kochendem Wasser nach Packungsanweisung garen. Abgießen und auf 4 Schalen verteilen. Das Miso darauf verteilen.
- Mit der sehr heißen Brühe übergießen. Die Eier abgießen und halbieren. Fleischscheiben, Eier, Maiskörner, Sojasprossen und Lauchzwiebeln darauf verteilen und sofort servieren.

KARA MISO RAMEN

ZUBEREITUNGSZEIT: 20 MIN.
GARZEIT: 15 MIN.

Zutaten für 4 Personen

- 2 l dicke Schweinebrühe (siehe Rezept S. 74)
- 400 g Ramen
- 2 Eier
- Pflanzenöl
- 4 Schweineschnitzel
- 30 g Weizenmehl
- 100 g Pankomehl
- Salz, Pfeffer aus der Mühle
- 4 eingelegte Eier (siehe Rezept S. 68)
- 4 Noriblätter
- 2 Lauchzwiebeln, in dünne Ringe geschnitten
- Schwarze Sesamkörner
- Tonkatsusauce

Für das Kara Miso

- 3-cm-Stück frischer Ingwer
- ½ Zwiebel
- 3 Knoblauchzehen
- 60 g weiße Misopaste (Shiro Miso)
- 60 g rote Misopaste
- 40 g Chilipaste
- 1 ½ EL Mirin (süßer japanischer Reiswein)
- 1 TL Sesampaste (Tahini)
- ½ EL Sesamöl
- 1 EL Pflanzenöl

• Für das Kara Miso: Ingwer, Zwiebel und Knoblauch schälen, grob würfeln und in einen Mixer geben. Die restlichen Zutaten zugeben und alles fein pürieren. Die Masse in einen Topf füllen und bei mittlerer Hitze 8 Minuten kochen. Auf 4 Schalen verteilen.

• Die Brühe erhitzen (sie muss sehr heiß sein).

• Die Ramen in einem großen Topf mit kochendem Wasser nach Packungsanweisung garen. Abgießen und auf die Schalen verteilen.

• Für die Schnitzel: Die Eier in einem tiefen Teller mit 1 Esslöffel Öl verquirlen. Weizen- und Pankomehl in zwei weitere Teller geben.

• Die Schnitzel flach klopfen und an der Oberfläche mehrfach vorsichtig einschneiden. Salzen und pfeffern. Nacheinander im Weizenmehl, im Ei und im Pankomehl wälzen. Das Öl in einer Pfanne erhitzen und die panierten Schnitzel von jeder Seite 1 Minute braten, bis sie goldbraun sind. In Streifen schneiden.

• Die Ramen mit der sehr heißen Brühe übergießen. Die marinierten Eier halbieren und mit den Schnitzelstreifen zugeben. Mit zerbröselten Noriblättern, Lauchzwiebelringen und Sesamsamen bestreuen. Das Fleisch mit Tonkatsusauce beträufeln und sofort servieren.

MISO GYOZA RAMEN

ZUBEREITUNGSZEIT: 15 MIN.
GARZEIT: 20 MIN.

Zutaten für 4 Personen

- ½ Zwiebel
- 2 Knoblauchzehen
- 7 EL Misopaste
- 3 EL Mirin (süßer japanischer Reiswein)
- 2 EL Sesamöl
- 350 g Schweinehackfleisch
- 4 frische Eier
- 12 gebratene Gyoza (Asiashop oder japanisches Restaurant)
- Pflanzenöl
- 600 g Ramen
- 2 l sehr heiße Hühnerbrühe (siehe Rezept S. 72)
- 4 EL Lauchzwiebeln, in sehr dünne Ringe geschnitten
- Schwarze Sesamkörner

- Zwiebel und Knoblauch schälen und fein hacken.
- In einem Schälchen 3 Esslöffel Misopaste, Mirin und 2 Esslöffel Wasser verrühren. Die Mischung mit dem Sesamöl in eine Pfanne geben und vorsichtig erhitzen.
- Hackfleisch, Knoblauch und Zwiebel zugeben und bei mittlerer Hitze 10 Minuten braten. Auf einem Teller beiseitestellen.
- Die Eier wie in Schritt 1 des Rezeptes auf S. 68 kochen (Ajitsuke Tamago).
- Die Gyoza in der Pfanne mit etwas Pflanzenöl sanft erhitzen.
- Die Ramen in einem großen Topf mit kochendem Wasser nach Packungsanweisung garen und abgießen.
- Die Ramen auf 4 Schalen verteilen und die restliche Misopaste zugeben. Mit der sehr heißen Brühe übergießen. Die Eier halbieren und mit dem gebratenen Hackfleisch und den Gyoza zugeben. Mit Lauchzwiebelringen und Sesamkörnern bestreuen und sofort servieren.

HIYASHI CHUKA MIT LACHS

ZUBEREITUNGSZEIT: 15 MIN.
MARINIERZEIT: 30 MIN.
GARZEIT: 10 MIN.

Zutaten für 4 Personen

- 400 g Chuka Udon

Für die Sauce

- 1 EL Yuzusaft
- 1 ½ EL Sesam
- 2-cm-Stück frischer Ingwer, geschält und gerieben
- 7 EL Sojasauce
- 3 EL Sesamöl
- 1 TL La-Yu-ÖL (japanisches Würzöl)
- 4 EL Reisessig
- 2 EL Streuzucker

Für die Einlagen

- 1 kleine Gurke
- 1 Handvoll Zuckerschoten
- 200 g Lachsfilet
- 1 EL Yuzusaft
- 1 EL Mirin (süßer japanischer Reiswein)
- 1 EL Sake
- 2 EL Lachsrogen
- 50 g Wakamealgen
- Eingelegter Ingwer
- Helle Sesamkörner, geröstet

• Die Zutaten für die Sauce in einer kleinen Schüssel verrühren. 3 Esslöffel Wasser unterrühren und beiseitestellen.

• Für die Einlagen: Die Gurke schälen, längs halbieren und die Samen entfernen. Das Fruchtfleisch in sehr dünne Scheiben schneiden. Die Zuckerschoten waschen und in einem Topf mit kochendem Wasser 2 Minuten blanchieren. In einer Schüssel mit kaltem Wasser abschrecken und abgießen.

• Die Haut vom Lachs abziehen und das Fleisch in sehr dünne Streifen schneiden. Mit Yuzusaft, Mirin und Sake in eine Schüssel geben und 30 Minuten marinieren.

• Die Udonnudeln in einem großen Topf mit kochendem Wasser nach Packungsanweisung garen und abgießen. In einer großen Schüssel mit kaltem Wasser abschrecken und abgießen. Diesen Arbeitsschritt 3-mal wiederholen.

• Die Nudeln auf 4 tiefe Teller verteilen und dabei etwas aufhäufen. Lachs, Gurken und Zuckerschoten darauf verteilen. Mit Lachsrogen, Wakamealgen, eingelegtem Ingwer und Sesamkörnern bestreuen und mit der Sauce servieren.

Sie können dieses Gericht auch durch ein dünnes, in feine Streifen geschnittenes Omelett anreichern.

YAKITORI RAMEN

ZUBEREITUNGSZEIT: 30 MIN.
MARINIERZEIT: 1 STD.
GARZEIT: 25 MIN.

Zutaten für 4 Personen

- 2 Hähnchenbrustfilets, in dünne Streifen geschnitten
- 2 l Hühnerbrühe (siehe Rezept S. 72)
- 400 g Ramen

Für die Yakitorisauce

- 2 EL Teriyakisauce
- 2 EL Sojasauce
- 1 EL Ahornsirup
- 2 EL Reisessig

Für die marmorierten Eier

- 150 ml Sojasauce
- 1 EL schwarzer Tee
- 4 frische Eier

Für die Einlagen

- ½ Stange Lauch
- 2 Lauchzwiebeln
- 4 Blatt Kombu-Algen
- Pflanzenöl
- Schwarze Sesamkörner

- Für die marmorierten Eier: Die Eier 8 Minuten in einem Topf mit kochendem Wasser hart kochen. Abgießen und in einer Schüssel mit kaltem Wasser abschrecken. Die Eier vorsichtig zwischen den Handflächen rollen, dabei die Schale an der Oberfläche rundum eindrücken. Sojasauce, 250 ml Wasser und Tee in einem Topf verrühren, aufkochen und 3 Minuten kochen. Den Herd ausschalten, die Eier zugeben und im Topf abkühlen lassen.

- Die Zutaten für die Yakitorisauce in einem tiefen Teller verrühren und die Hähnchenbruststreifen zugeben. 1 Stunde marinieren.

- Lauch und Lauchzwiebeln waschen und in dünne Ringe schneiden. Die Eier schälen und halbieren.

- Die Hühnerbrühe erhitzen.

- Die Ramen in einem großen Topf mit kochendem Wasser nach Packungsanweisung garen. Abgießen und auf 4 Schalen verteilen.

- Die Hähnchenbruststreifen auf Holzspieße stecken und 8 Minuten grillen, dabei nach der Hälfte der Garzeit einmal wenden.

- Algen, Lauch und Lauchzwiebeln auf die Schalen verteilen. Jeweils ein Ei zugeben und alles mit der sehr heißen Brühe übergießen. Die Fleischspieße oben auflegen, alles mit Sesamkörnern bestreuen und sofort servieren.

七味

KIMCHI RAMEN

ZUBEREITUNGSZEIT: 15 MIN.
GARZEIT: 5 MIN.

Zutaten für 4 Personen

- 2 Lauchzwiebeln
- 1 kleine Gurke
- 4 EL Sojasauce
- 2 EL Mirin (süßer japanischer Reiswein)
- 2 l Gemüsebrühe
- 400 g Ramen
- 200 g Kimchi (durch Milchsäuregärung eingelegtes Gemüse, im Asiashop)
- 4 eingelegte Eier (siehe Rezept S. 68)
- Einige Shisoblätter

- Die Lauchzwiebeln waschen und in dünne Ringe schneiden. Die Gurke waschen und in sehr dünne Scheiben schneiden.

- Sojasauce und Mirin mit der Gemüsebrühe verrühren. Die Brühe in einem Topf erhitzen.

- Die Ramen in einem großen Topf mit kochendem Wasser nach Packungsanweisung garen. Abgießen und auf 4 Schalen verteilen.

- Kimchi, halbierte Eier und Lauchzwiebeln darauf verteilen. Mit der sehr heißen Brühe übergießen und mit Shisoblättern bestreuen. Sofort servieren.

杉

HIYASHI CHUKA MIT SCHINKEN

ZUBEREITUNGSZEIT: 25 MIN.
GARZEIT: 10 MIN.

Zutaten für 4 Personen

- 400 g Chuka Udon

Für die Sauce

- 1 ½ EL Sesamkörner
- 2-cm-Stück frischer Ingwer, geschält und gerieben
- 8 EL Sojasauce
- 3 EL Wasser
- 4 EL Reisessig
- 1 TL La-Yu-Öl (japanisches Würzöl)
- 3 EL Sesamöl
- 2 EL Streuzucker

Für die Einlagen

- 1 kleine Gurke
- 1 Salatherz
- 2 Scheiben gekochter Schinken
- 8 Radieschen
- Eingelegter Ingwer
- Helle Sesamsamen, geröstet

Für das Omelett

- 3 frische Eier
- 2 TL Streuzucker
- ¼ TL Salz
- Pflanzenöl

• Alle Zutaten für die Sauce in einer Schale verrühren und beiseitestellen.

• Für die Einlagen: Die Gurke schälen, längs halbieren und die Samen entfernen; das Fruchtfleisch in feine Juliennestreifen schneiden. Das Salatherz waschen und in feine Streifen schneiden. Den Schinken ebenfalls in dünne Streifen schneiden. Die Radieschen waschen und in Stifte schneiden.

• Die Eier mit Zucker und Salz verquirlen. Mit einem Schuss Öl in eine vorgeheizte Pfanne gießen. Das Omelett von jeder Seite etwa 3 Minuten braten und in Streifen schneiden.

• Die Udonnudeln in einem großen Topf mit kochendem Wasser nach Packungsanweisung garen und abgießen. In einer großen Schüssel mit kaltem Wasser abschrecken und abgießen. Diesen Arbeitsschritt 3-mal wiederholen.

• Die Nudeln auf 4 tiefe Teller verteilen und etwas anhäufen. Gurke, Salat, Radieschen und Schinken darauf verteilen. Mit eingelegtem Ingwer und Sesamkörnern bestreuen und sofort mit der Sauce servieren.

RAMEN VEGETARISCH MIT KONJAKNUDELN

ZUBEREITUNGSZEIT: 20 MIN.
GARZEIT: 15–20 MIN.

Zutaten für 4 Personen

- 4 frische Eier
- 2 l Gemüsebrühe
- 30 g getrocknete Shiitakepilze
- 200 g Kürbis
- 1 EL Pflanzenöl
- Salz
- ¼ Wirsing
- 150 g Tofu
- 2 Lauchzwiebeln
- Einige Edamamebohnen, gekocht (Asiashop)
- 400 g Konjaknudeln
- 4 EL weiße Misopaste
- 2 TL schwarze Sesamkörner
- 1 TL frittierter Knoblauch (Asiashop)

• Die Eier in einem Topf mit kochendem Wasser 6 Minuten garen. In einer großen Schüssel mit kaltem Wasser abschrecken und vorsichtig schälen.

• Den Backofen auf 180 °C vorheizen.

• Die Gemüsebrühe mit den getrockneten Pilzen in einem Topf erhitzen.

• Den Kürbis schälen und fein würfeln. In eine Auflaufform geben, mit dem Öl vermengen und salzen. 15–20 Minuten im Ofen braten.

• In der Zwischenzeit den Wirsing waschen und in feine Streifen schneiden. Den Tofu abgießen und in dünne Scheiben schneiden. Die Lauchzwiebeln waschen und fein hacken. Die Edamamebohnen enthülsen.

• Die Nudeln in einem großen Topf mit kochendem Wasser nach Packungsanweisung garen. Abgießen und auf 4 Schalen verteilen.

• Die Misopaste in die Brühe rühren. Abschmecken.

• Wirsingstreifen, Kürbiswürfel, Tofuscheiben und die halbierten Eier auf die Schalen verteilen. Mit der sehr heißen Brühe übergießen. Mit Lauchzwiebeln, Edamamebohnen, Sesamkörnern und frittiertem Knoblauch bestreuen und sofort servieren.

Konjak ist eine in Asien kultivierte krautige Pflanze. Ihre Wurzel wird getrocknet und zu Pulver gerieben, aus dem Nudeln hergestellt werden, die fast keine Kohlehydrate enthalten.

FRENCHIE RAMEN

ZUBEREITUNGSZEIT: 35 MIN.
GARZEIT: 3 STD.

Zutaten für 4 Personen

- 300 g Rindfleisch (Bug)
- 400 g Ramen

Für die Brühe

- 1 Zwiebel, geschält und halbiert
- 1 Gewürznelke
- 1 Möhre
- 1 Mairübe
- ½ Stange Lauch
- 4 Knoblauchzehen, geschält und gepresst
- 1 Bouquet garni
- 8 Pfefferkörner
- 8 g Salz
- 1 Markknochen

Für die Einlagen

- 1 Möhre
- ½ Stange Lauch
- 1 festkochende Kartoffel
- 2 Lauchzwiebeln
- 2 EL gebratene Zwiebeln
- Gewürzgurken und Senf zum Servieren

• Für die Brühe: Eine Zwiebelhälfte mit der Gewürznelke spicken. Das Gemüse schälen und waschen.

• Das Fleisch in einen großen Schmortopf legen und mit Wasser bedecken. Aufkochen, dabei regelmäßig den Schaum von der Oberfläche abschöpfen.

• Knoblauch, Zwiebel, Bouquet garni, Pfeffer und Salz zugeben. Den Deckel auflegen und 1 Stunde 30 Minuten köcheln. Das Gemüse und den Markknochen zugeben und 1 weitere Stunde kochen.

• In der Zwischenzeit die Einlagen zubereiten: Die Möhre schälen und in dünne Scheiben schneiden. Den Lauch waschen und in feine Stifte schneiden. Die Kartoffel schälen und würfeln. Alles zusammen in einem Topf mit kochendem Salzwasser 10 Minuten garen und abgießen.

• Die Lauchzwiebeln waschen und in dünne Ringe schneiden.

• Das Fleisch aus der Brühe heben und in Scheiben schneiden.

• Die Ramen in einem großen Topf mit kochendem Wasser nach Packungsanweisung garen. Abgießen und auf 4 Schalen verteilen.

• Die Brühe durch ein Sieb gießen und auf die Schalen verteilen. Fleisch, Gemüse und Lauchzwiebeln zugeben. Mit den gebratenen Zwiebeln bestreuen und sofort mit Senf und Gewürzgurken servieren.

RAMEN DOLCE VITA

ZUBEREITUNGSZEIT: 35 MIN.
GARZEIT: 45 MIN.

Zutaten für 4 Personen

- 1 kg gemischte Muscheln (Miesmuscheln, Herzmuscheln, Venusmuscheln)
- 2 Schalotten
- 2 Knoblauchzehen
- 6 EL Olivenöl
- ½ glatte Petersilie, gehackt
- 4 frische Eier
- 360 g Linguine
- 2 Lauchzwiebeln, in dünne Ringe geschnitten
- 1 Glas Weißwein
- ½ rote Chili, gehackt
- Frittieröl

Für die Panade

- 1 Teller Pankomehl
- 1 verquirltes Ei
- 1 Teller Weizenmehl

- Die Muscheln mehrfach in frischem Wasser waschen.
- Schalotten und Knoblauch schälen und hacken.
- 4 Esslöffel Olivenöl in einem Topf erhitzen. Schalotten und Knoblauch zugeben und bei mittlerer Hitze 2 Minuten dünsten. Die Hälfte der Muscheln zugeben und dünsten, bis sie sich geöffnet haben. Die Hälfte der Petersilie unterrühren. 2 Liter Wasser zugießen und die Brühe 45 Minuten bei schwacher Hitze köcheln.
- In der Zwischenzeit die Eier in einem Topf mit kochendem Wasser 6 Minuten kochen. In einer Schüssel mit kaltem Wasser abschrecken und vorsichtig schälen.
- Die Linguine in einem großen Topf mit kochendem Wasser nach Packungsanweisung garen, unter kaltem Wasser abschrecken und auf 4 Schalen verteilen.
- Das restliche Olivenöl in einer Pfanne erhitzen und die zweite Hälfte der Muscheln mit den Lauchzwiebeln und Weißwein zugeben. Abdecken und kochen, bis sich die Muscheln geöffnet haben. Vom Herd nehmen, die gehackte Chili und die restliche Petersilie untermischen. Auf die Schalen verteilen.
- Die Eier im Weizenmehl, im Ei und im Pankomehl wälzen. Das Frittieröl erhitzen und die Eier 2 Minuten frittieren. Auf Küchenpapier abtropfen lassen.
- Die Brühe durch ein Sieb in die Schalen gießen. Je 1 frittiertes Ei zugeben und sofort servieren.

AMERICAN RAMEN

ZUBEREITUNGSZEIT: 25 MIN.
GARZEIT: 20 MIN.

Zutaten für 4 Personen

- 400 g Ramen
- 1,6 l sehr heiße Rinderbrühe

Für den Krapfenteig

- 50 g Mehl
- 1 TL Backpulver
- 1 kleines Ei oder ein ½ großes Ei
- 1 EL Öl
- 50 ml Sprudelwasser
- 1 Prise Salz

Für die Einlagen

- 8 Scheiben geräucherte Kalbsbrust
- 1 Avocado
- Saft von ½ Zitrone
- 4 frische Eier
- 1 mittelgroße Zwiebel
- 1 Lauchzwiebel, gehackt
- 8 Minimaiskolben, halbiert
- Tabasco
- Frittieröl

- Für den Krapfenteig: Mehl und Backpulver zusammen in eine Schüssel sieben. Das Ei unterrühren. Das Öl zugießen und das Sprudelwasser unterrühren. Salzen und beiseitestellen.

- Die geräucherte Kalbsbrust in einer Pfanne ohne weiteres Fett rösten, bis sie von allen Seiten knusprig ist.

- Die Avocado schälen und das Fruchtfleisch in dünne Scheiben schneiden. Mit Zitronensaft beträufeln.

- In einem großen Topf Salzwasser aufkochen. 1 Ei aufschlagen und vorsichtig in die Mitte des Topfes gleiten lassen. Das Wasser um das Ei verrühren, bis das Eiweiß rund um das Eigelb gerinnt. Mit einem Schaumlöffel herausheben und beiseitestellen. Mit den restlichen Eiern ebenso verfahren.

- Die Zwiebel schälen und in Ringe schneiden. Das Frittieröl in einem Topf erhitzen. Die Zwiebelringe im Krapfenteig wälzen und sofort ins heiße Öl geben. Von allen Seiten goldbraun frittieren und auf Küchenpapier abtropfen lassen.

- Die Ramen in einem großen Topf mit kochendem Wasser nach Packungsanweisung garen. Abgießen und auf 4 Schalen verteilen.

- Je 1 pochiertes Ei und 2 Scheiben Kalbsbrust sowie die Avocadoscheiben auf die Nudeln geben. Mit der Brühe übergießen und mit Lauchzwiebeln bestreuen. Minimaiskolben und Zwiebelkrapfen zugeben und sofort servieren.

TOM KHA GAI RAMEN

ZUBEREITUNGSZEIT: 30 MIN.
GARZEIT: 20 MIN.

Zutaten für 4 Personen

1,5 l Hühnerbrühe, nur 2 Stunden gekocht (siehe Rezept S. 72)
- 2 Stängel Zitronengras
- 2 EL Nuoc Mam (vietnamesische Fischsauce)
- 500 ml Kokosmilch
- 4-cm-Stück Ingwer- oder Galangawurzel
- 2 Eier
- 6 EL Weizenmehl
- Pankomehl
- 2 Hähnchenbrustfilets
- Pflanzenöl
- 400 g Ramen
- 200 g Champignons
- ½ Bund Koriander
- 1 kleine Chili

- Die Hühnerbrühe in einem großen Topf mit Zitronengras, Nuoc Mam, Kokosmilch und Ingwer- oder Galangawurzel erhitzen.

- Die Eier in einem tiefen Teller verquirlen. Panko- und Weizenmehl auf zwei weitere Teller verteilen. Die Hähnchenbrustfilets nacheinander im Weizenmehl, im Ei und im Pankomehl wälzen. In einem Bräter mit einem Schuss Öl von jeder Seite 4 Minuten goldbraun braten. In Streifen schneiden.

- Die Ramen in einem großen Topf mit kochendem Wasser nach Packungsanweisung garen. Abgießen und auf 4 Schalen verteilen.

- Die Champignons waschen und die verholzten Stielenden entfernen. Die Pilze vierteln.

- Die Brühe durch ein Sieb filtern und wieder auf den Herd stellen. Die Champignons 5 Minuten in der Brühe kochen.

- Den Koriander waschen und hacken. Die Chilischote waschen, entkernen und hacken.

- Die Champignons aus der Brühe heben und auf die Schalen verteilen. Mit der heißen Brühe übergießen. Die Hähnchenbruststreifen darauf verteilen und mit Chili und Koriander bestreuen.

Ein Schuss Limettensaft passt ausgezeichnet zu den Ramen.

HOLA RAMEN

ZUBEREITUNGSZEIT: 35 MIN.
GARZEIT: 2 STD.

Zutaten für 4 Personen

- Olivenöl
- 1 Zwiebel, geschält und gehackt
- 1 Bouquet garni
- 1 kleine Dose gehackte Tomaten
- 6 Hähnchenflügel
- 1 kg Muscheln, gewaschen
- 2 Prisen Safran
- Salz, Pfeffer aus der Mühle
- 1 rote Paprika, gewürfelt
- 1 Tintenfisch
- 400 g Ramen
- 2 Hähnchenbrustfilets
- 50 g Chorizo, in Scheiben geschnitten

- Für die Brühe: 4 Esslöffel Öl in einem Schmortopf erhitzen und die Zwiebel mit dem Bouquet garni 2 Minuten dünsten. Die Tomaten zugeben und 5 Minuten einkochen. Die Hähnchenflügel und die Hälfte der Muscheln zugeben. Alles zusammen kochen, bis die Muscheln geöffnet sind. 1 Prise Safran unterrühren und 2 Liter Wasser zugießen. Mit Salz und Pfeffer abschmecken. Den Deckel auflegen und die Brühe 2 Stunden bei mittlerer Hitze köcheln.

- In der Zwischenzeit die gewürfelte Paprika mit einem Schuss Olivenöl bei mittlerer Hitze 5 Minuten dünsten. Auf einem Teller beiseitestellen.

- Den Tintenfisch waschen, Tentakeln und Kopf trennen und die schwarze Haut entfernen. In Ringe schneiden und in einer Pfanne mit einem Schuss Olivenöl 5 Minuten braten.

- Etwas Olivenöl in einem Schmortopf erhitzen. Die restlichen Muscheln und das restliche Safran zugeben. Den Deckel auflegen und kochen, bis die Muscheln geöffnet sind.

- Die Ramen in einem großen Topf mit kochendem Wasser nach Packungsanweisung garen. Abgießen und auf 4 Schalen verteilen.

- Die Hähnchenbrustfilets fein würfeln und in der kochenden Muschelbrühe 2 Minuten garen. Herausheben und zu den Nudeln geben.

- Die Brühe durch ein Sieb in die Schalen gießen. Muscheln, Tintenfischringe, Paprika und Chorizo darauf verteilen und sofort servieren.

NIPPONS GEBRATENE RAMEN

ZUBEREITUNGSZEIT: 25 MIN.
MARINIERZEIT: 15 MIN.
GARZEIT: 15 MIN.

Zutaten für 4 Personen

- 2 Hähnchenbrustfilets
- 2 EL Sojasauce
- 2 EL Mirin (süßer japanischer Reiswein)
- 2 EL Sake
- 2 Lauchzwiebeln
- 100 g Sojasprossen
- 2 Knoblauchzehen
- 1 Möhre
- 400 g Ramen
- 3 EL Pflanzenöl
- 100 g Edamamebohnen (Asiashop)
- 100 g Shimejipilze
- 4 EL Ponzusauce
- 1 EL helle Sesamkörner, geröstet

- Die Hähnchenbrustfilets in Würfel schneiden und in einen tiefen Teller legen. Mit Sojasauce, Sake und Mirin vermischen und 15 Minuten marinieren.

- In der Zwischenzeit die Lauchzwiebeln waschen und in dünne Ringe schneiden. Die Sojasprossen waschen. Die Knoblauchzehen schälen und hacken. Die Möhre schälen und in feine Juliennestreifen schneiden.

- Die Ramen in einem großen Topf mit kochendem Wasser nach Packungsanweisung garen und abgießen.

- Das Öl in einem Wok erhitzen. Die Hälfte der Sojasprossen mit der Möhre, den Edamamebohnen, Pilzen und Knoblauch etwa 5 Minuten braten. Ponzusauce und Ramen zugeben. Alles gut vermischen.

- Die Hähnchenfleischwürfel mit der Marinade in einer Pfanne 3 – 4 Minuten anbraten. In den Wok geben und unterrühren.

- Die gebratene Nudelmischung auf 4 Schalen verteilen. Mit den restlichen Sojasprossen, den Lauchzwiebeln und Sesamkörnern bestreuen und sofort servieren.

Edamamebohnen sind noch unreife Sojabohnen aus Japan. Es empfiehlt sich, die Schoten vor dem Enthülsen in kochendem Wasser zu garen oder zu dämpfen.

PARISER RAMEN

ZUBEREITUNGSZEIT: 45 MIN.
GARZEIT: 3 STD. 30 MIN.

Zutaten für 4 Personen

- 400 g Ramen
- 2 l sehr heiße Hühnerbrühe (siehe Rezept S. 72)

Für das Fleisch

- 2 EL Olivenöl
- 1 Möhre, gewürfelt
- 1 Selleriestange, gewürfelt
- 1 Zwiebel, geschält und gehackt
- 2 Knoblauchzehen, geschält und gehackt
- 300 g Schweinefilet

Für die Einlagen

- 200 g grüne Bohnen
- Salz
- 2 Kartoffeln
- Frittieröl
- 4 Eier
- 50 g junger Blattspinat
- ½ Schnittlauch, gehackt
- Senf zum Servieren

Für das Fleisch: Das Olivenöl in einem Schmortopf erhitzen. Möhre, Sellerie, Zwiebel und Knoblauch zugeben und bei mittlerer Hitze 5 Minuten dünsten. Das Fleisch auf das Gemüse legen und mit Wasser bedecken. Den Deckel auflegen und etwa 3 Stunden kochen.

In der Zwischenzeit die Bohnen waschen und die Enden entfernen. 10 Minuten in einem Topf mit kochendem Salzwasser garen. Abgießen und in einer Schüssel mit kaltem Wasser abschrecken.

Die Kartoffeln schälen und in dünne Stifte schneiden; waschen und gut abgießen. Das Frittieröl in einem Topf erhitzen und die Kartoffelstifte 3–4 Minuten goldbraun frittieren. Auf Küchenpapier abtropfen lassen.

Die Eier 5 Minuten in einem Topf mit kochendem Wasser garen, in kaltem Wasser abschrecken und vorsichtig schälen.

Die Ramen in einem großen Topf mit kochendem Wasser nach Packungsanweisung garen. Abgießen und auf 4 Schalen verteilen.

Das gekochte Fleisch in sehr dünne Scheiben schneiden und auf die Schalen verteilen. Mit der Brühe übergießen. Bohnen, Blattspinat und Schnittlauch darauf verteilen. Je zwei halbe Eier und die Kartoffelstifte zugeben. Mit Senf servieren.

DELIKATE RAMEN MIT GEFLÜGELLEBER

ZUBEREITUNGSZEIT: 25 MIN.
GARZEIT: 8 MIN.

Zutaten für 4 Personen

- 4 Wachteleier
- 400 g Ramen
- 4 Radieschen
- ½ kleine Gurke
- 1,6 l Hühnerbrühe (siehe Rezept S. 72)
- Salz, Pfeffer aus der Mühle
- 50 ml Yuzusaft
- 4 Scheiben rohe Geflügelleber (etwa 2 cm dick)
- Einige junge Bohnensprossen

• Die Eier 1 Minute in einem Topf mit kochendem Wasser garen. In einer Schüssel mit kaltem Wasser abschrecken und sehr vorsichtig schälen.

• Die Ramen in einem großen Topf mit kochendem Wasser nach Packungsanweisung garen. Abgießen und auf 4 Schalen verteilen.

• Radieschen und Gurke waschen und in dünne Scheiben schneiden.

• Die Brühe mit Salz und Pfeffer abschmecken und den Yuzusaft unterrühren. Die Brühe durch ein Sieb filtern und aufkochen.

• Die Geflügelleber 2 Minuten in der Brühe pochieren. Aus der Brühe heben und je 1 Scheibe auf die Nudeln legen. Mit Salz und Pfeffer bestreuen. Mit Radieschen- und Gurkenscheiben sowie je 1 Wachtelei belegen.

• Mit der sehr heißen Brühe übergießen, mit Sprossen bestreuen und sofort servieren.

RAMEN FÜR DIE KLEINEN

ZUBEREITUNGSZEIT: 10 MIN.
GARZEIT: 6 MIN.

Zutaten für 4 Personen

- 4 Wachteleier
- 4 cm Naruto (rot-weiße Fischpastete)
- 1 Radieschen
- ¼ kleine Gurke
- 120 g Ramen
- 600 ml Gemüsebrühe
- 2 EL Sojasauce
- Helle Sesamkörner, geröstet
- Einige Schnittlauchhalme

- Die Eier 2 Minuten in einem Topf mit kochendem Wasser hart kochen. Unter kaltem Wasser abschrecken und vorsichtig schälen.
- Das Naruto in dünne Scheiben schneiden. Das Radieschen und die Gurke waschen und ebenfalls in dünne Scheiben schneiden.
- Die Ramen in einem großen Topf mit kochendem Wasser nach Packungsanweisung garen. Abgießen und auf 4 Schalen verteilen.
- Die Gemüsebrühe erhitzen, mit der Sojasauce verrühren und auf die 4 Schalen verteilen. Naruto-, Gurken- und Radieschenscheiben darauf verteilen. Jeweils 1 Wachtelei zugeben und mit Sesam und Schnittlauch bestreuen. Sofort servieren.

RAMEN-AUFLAUF

ZUBEREITUNGSZEIT: 20 MIN.
GARZEIT: 15–20 MIN.

Zutaten für 4 Personen

- 200 g Ramen
- 3 Knoblauchzehen
- 8 Stängel glatte Petersilie
- 200 g Shiitakepilze
- 2 EL Sesamöl
- 8 Eier
- 4 EL Sojasauce
- 2 Lauchzwiebeln
- 1 EL schwarze Sesamkörner, geröstet
- Tonkatsusauce zum Servieren

- Die Ramen in einem großen Topf mit kochendem Wasser nach Packungsanweisung garen und abgießen.
- Den Backofen auf 180 °C vorheizen.
- Die Knoblauchzehen schälen und sehr fein hacken. Die Petersilie waschen und hacken. Die Shiitakepilze ebenfalls waschen und hacken.
- Das Sesamöl in einer Pfanne erhitzen. Pilze und Knoblauch zugeben und etwa 8 Minuten dünsten. Die Petersilie zugeben und unterrühren.
- Die Eier in einer großen Schüssel mit der Sojasauce verquirlen.
- Pilze und Nudeln zugeben und alles gut vermischen. Die Masse in eine Auflaufform geben und 15–20 Minuten im Ofen überbacken.
- Die Lauchzwiebeln waschen und in dünne Ringe schneiden.
- Den Auflauf mit Sesamkörnern und Lauchzwiebeln bestreuen. Sofort servieren und Tonkatsusauce dazu reichen.

RAMEN BO-BUN

ZUBEREITUNGSZEIT: 15 MIN.
MARINIERZEIT: 1 STD.
GARZEIT: 15 MIN.

Zutaten für 4 Personen

- 1,5 l Rinderbrühe
- 1 Stängel Zitronengras
- 400 g Ramen

Für die Einlagen

- 1 Stängel Zitronengras
- 300 g Rinderfilet
- 1 EL Nuoc Mam (vietnamesische Fischsauce)
- 1 TL Streuzucker
- 1 Salatherz
- ¼ Gurke
- 150 g Sojasprossen
- 4 Stängel Minze
- 1 Knoblauchzehe
- 2 Lauchzwiebeln
- 2 EL Olivenöl
- 8 Nems, gekocht (vietnamesische Frühlingsrollen)
- 8 EL Nem-Sauce
- 1 EL Erdnüsse

- Für die Einlagen: Die äußeren Blätter vom Zitronengras entfernen, den Stängel fein hacken.
- Das Fleisch in dünne Scheiben schneiden und in einen tiefen Teller legen. Zitronengras, Nuoc Mam und Zucker zugeben. Alles gut vermischen, mit Folie abdecken und 1 Stunde marinieren.
- Die Brühe mit dem Zitronengras erhitzen.
- Das Salatherz waschen und in feine Streifen schneiden. Die Gurke waschen und in dünne Scheiben schneiden. Die Sojasprossen waschen. Die Minze waschen und die Stängel entfernen.
- Den Knoblauch schälen und hacken. Die Lauchzwiebeln waschen und in dünne Ringe schneiden. Knoblauch und Zwiebeln mit dem Olivenöl 3 Minuten im Wok dünsten. Das marinierte Fleisch zugeben und 3 Minuten anbraten.
- Die Ramen in einem großen Topf mit kochendem Wasser nach Packungsanweisung garen. Abgießen und auf 4 Schalen verteilen.
- Die heiße Brühe durch ein Sieb filtern und die Nudeln mit der Brühe übergießen. Fleisch, Salat, Gurken, Sojasprossen und Minze darauf verteilen. Die Nems in mundgerechte Stücke schneiden und je 2 Nems in jede Schale geben. Mit der Nem-Sauce beträufeln und mit gehackten Erdnüssen bestreuen. Sofort servieren.

RAMEN-BURGER

ZUBEREITUNGSZEIT: 30 MIN.
RUHEZEIT: 2 STD.
GARZEIT: 20 MIN.

Zutaten für 4 Personen

Für die Ramen-Brötchen

- 4 Pakete Instant-Ramen
- 4 Eier
- 4 EL Pflanzenöl

Für die Burger

- 400 g Schweinehackfleisch
- 2 EL Sojasauce
- 2 EL Reisessig
- 1 Ei
- ½ TL Chilipulver
- 1 EL helle Sesamkörner, geröstet

Für die Beilagen

- 1 kleine Gurke
- 2 Lauchzwiebeln
- 200 g Shiitakepilze
- 2 EL Sesamöl
- 4 Shisoblätter
- 1 EL helle Sesamkörner, geröstet
- Ponzusauce

- Für die Brötchen: Die Ramen in einem großen Topf mit kochendem Wasser nach Packungsanweisung garen und abgießen. Die Eier in einer Schüssel verquirlen. Die Ramen zugeben und alles gut vermischen.
- Aus der Nudelmasse 8 Kugeln formen und abflachen (Durchmesser etwa 8 cm). Einzeln in Klarsichtfolie einwickeln und etwa 2 Stunden in den Kühlschrank stellen.
- Das Hackfleisch in einer Schüssel sorgfältig mit Sojasauce, Reisessig, Ei, Chilipulver und Sesamkörnern vermengen. 4 Burgersteaks formen und in den Kühlschrank stellen.
- Die Gurke waschen und in sehr dünne Scheiben schneiden. Die Lauchzwiebeln waschen und hacken.
- Die Shiitakepilze waschen und in kleine Stücke schneiden. Das Sesamöl in einer Pfanne erhitzen und die Pilze ungefähr 8 Minuten dünsten. Auf einem Teller beiseitestellen.
- Das Pflanzenöl in der Pfanne erhitzen und die Ramen-Brötchen von jeder Seite 2 Minuten braten. Auf einem Teller beiseitestellen. Nun die Burgersteaks von jeder Seite 3 Minuten braten.
- So werden die Burger zusammengesetzt: 1 Ramen-Brötchen mit 1 Shisoblatt, 1 Burgersteak, Gurkenscheiben und Pilzen belegen. Ein weiteres Ramen-Brötchen auflegen. Mit Lauchzwiebeln und Sesambrötchen bestreuen und mit der Ponzusauce beträufeln. Die restlichen Burger ebenso herstellen und sofort servieren.

GEBRATENE THAI-RAMEN

ZUBEREITUNGSZEIT: 25 MIN.
GARZEIT: 15 MIN.

Zutaten für 4 Personen

- 4 Lauchzwiebeln
- 100 g Sojasprossen
- 4 Knoblauchzehen
- 1 Schalotte
- 16 Garnelen
- 400 g Ramen
- 3 EL Pflanzenöl
- 40 g gesalzene Erdnüsse
- 3 EL Tamarindenpaste
- 2 EL Streuzucker
- 4 TL Fischsauce
- ½ TL Chilipulver
- 2 Eier

• Die Lauchzwiebeln waschen und in dünne Ringe schneiden. Die Sojasprossen waschen. Knoblauch und Schalotte schälen und hacken. Kopf und Schwanz der Garnelen entfernen.

• Die Garnelen in einem großen Topf mit kochendem Wasser 3 Minuten kochen und aus dem Wasser heben. In dem gleichen Wasser die Ramen nach Packungsanweisung garen und abgießen.

• Das Öl im Wok erhitzen und die Erdnüsse 3 Minuten bräunen. Auf einem Teller beiseitestellen. Die Hälfte der Sojasprossen, Knoblauch und Schalotte in den Wok geben und 5 Minuten braten. Ramen, Tamarindenpaste, Zucker, Fischsauce und Chilipulver zugeben, alles gut vermengen und weitere 3 Minuten braten.

• Die Nudeln aus dem Wok heben. Die Eier im Wok aufschlagen und 3–4 Minuten unter Rühren braten. Die Nudeln wieder zugeben und alles vermischen. Vom Herd nehmen, die Lauchzwiebeln, Garnelen und restlichen Sojasprossen zugeben und noch einmal durchmischen. Mit den gehackten Erdnüssen bestreuen und sofort servieren.

RAMEN À LA MINUTE

ZUBEREITUNGSZEIT: 5 MIN.
GARZEIT: 10 MIN.

Zutaten für 1 Person

- 1 Ei
- 1 EL Sojasauce
- ½ Möhre
- 5-cm-Stück Lauch
- 1 Lauchzwiebel
- 2 Champignons
- 1 Paket Instant-Ramen
- 1 Prise helle Sesamkörner, geröstet

• Das Ei in einem Topf mit kochendem Wasser 6 Minuten kochen. In kaltem Wasser abschrecken und schälen. In der Sojasauce marinieren.

• Die halbe Möhre schälen und in feine Stifte schneiden. Das Lauchstück ebenfalls in feine Streifen schneiden.

• Die Lauchzwiebel waschen und in dünne Ringe schneiden. Die Pilze putzen und die verholzten Stielenden entfernen. In dünne Scheiben schneiden.

• Die Ramen in einem Topf mit kochendem Wasser nach Packungsanweisung garen. Abgießen und in eine Schale geben. Möhre, Lauch, Champignons und das halbierte Ei zugeben. Mit gerösteten Sesamkörnern bestreuen und sofort servieren.

Für dieses Gericht können Sie jedes Gemüse verwenden, das Sie gerade im Kühlschrank haben: Radieschen, Gurken etc.

RAMEN
海鮮麺

RAMEN GLUTENFREI MIT ALGEN

ZUBEREITUNGSZEIT: 15 MIN.
GARZEIT: 12 MIN.

Zutaten für 4 Personen

- 3-cm-Stück frischer Ingwer
- 2 Knoblauchzehen
- ¼ Wirsing
- 1 TL Matetee
- 4 Norialgenblätter, in kleine Stücke geschnitten
- 360 g glutenfreie Ramen
- 2 EL Sojasauce
- 4 EL Wakamealgen
- 1 EL Algensalatmischung
- Helle und schwarze Sesamkörner

• Den Ingwer schälen und reiben. Den Knoblauch schälen und hacken. Den Wirsing waschen und in feine Streifen schneiden.

• 1,5 Liter Wasser in einem großen Topf erhitzen. Tee, geriebenen Ingwer und Knoblauch zugeben und 3 Minuten kochen. Die Norialgen unterrühren und weitere 5 Minuten kochen.

• Die Ramen in der Brühe nach Packungsweisung garen. Abgießen und auf 4 Schalen verteilen.

• Sojasauce und Wakamealgen zugeben und untermischen. Mit Wirsingstreifen, Algensalatmischung und Sesamkörnern bestreuen und sofort servieren.

AJITSUKE TAMAGO (SPEZIELL FÜR RAMEN MARINIERTE EIER)

ZUBEREITUNGSZEIT: 15 MIN.
GARZEIT: 6 MIN.
MARINIERZEIT: 12 STD.

Zutaten für 4 Eier

- 4 frische Eier
- 250 ml Wasser
- 250 ml Sake
- 120 ml Sojasauce
- 120 ml Mirin (süßer japanischer Reiswein)
- 100 g Streuzucker

• Die Eier an der runderen Seite mit einer Nadel oder einer Heftzwecke einstechen, um die Luftblase zu öffnen. Die Eier vorsichtig in einen Topf mit kochendem Wasser legen und 6 Minuten kochen. Mit einem Schaumlöffel herausheben und sofort in eine Schüssel mit Eiswasser legen, um den Garvorgang zu beenden. Unter kaltem Wasser schälen und in eine Schüssel legen.

• In einer kleinen Schüssel Wasser, Sake, Sojasauce und Mirin verrühren. Den Zucker zugeben und rühren, bis er sich gelöst hat. Die Eier mit der Mischung übergießen und 1 Nacht marinieren.

Sie können diese Eier bis zu drei Tage im Kühlschrank aufbewahren.

SCHWEINEFLEISCH CHASHU

ZUBEREITUNGSZEIT: 15 MIN.
GARZEIT: 7 STD.

Zutaten für 4 Personen

- 600 g frische Schweinebrust mit Schwarte
- 3 Knoblauchzehen
- 1 Schalotte
- 3-cm-Stück frischer Ingwer
- 300 ml Wasser
- 100 ml Sojasauce
- 200 ml Sake
- 200 ml Mirin (süßer japanischer Reiswein)
- 60 g Streuzucker
- Einige Schnittlauchhalme, gehackt

- Den Backofen auf 130 °C vorheizen.
- Die Schweinebrust wie einen Rollbraten zusammenlegen und mit Kochgarn fixieren.
- Den Knoblauch schälen und hacken. Ingwer und Schalotte schälen und jeweils halbieren.
- Wasser, Sojasauce, Sake und Mirin in einen Schmortopf gießen, der groß genug für den Rollbraten ist. Den Zucker zugeben und rühren, bis er gelöst ist.
- Das Fleisch in den Topf legen, Knoblauch, Schalotte und Ingwer darum verteilen. Den Deckel auflegen und in den Ofen schieben. 4 Stunden schmoren, dabei das Fleisch nach der Hälfte der Zeit einmal wenden. Die Backofentemperatur auf 100 °C reduzieren und weitere 3 Stunden schmoren.
- Das Fleisch im Kochsud im Kühlschrank aufbewahren. Erst kurz vor dem Servieren in Scheiben schneiden und mit gehacktem Schnittlauch bestreuen.

HÜHNERBRÜHE

ZUBEREITUNGSZEIT: 30 MIN.
GARZEIT: 5 STD.

Zutaten für 4–6 Schalen

- 900 g Hühnerkarkasse
- 450 g Hähnchenflügelabfälle
- 4 Blatt Kombualgen
- 1 Zwiebel
- 4 Knoblauchzehen
- 4-cm-Stück frischer Ingwer
- 1 kleine Stange Lauch
- Sonnenblumenöl

• 2 Liter Wasser aufkochen. Karkasse und Hähnchenflügel in ein Gefäß legen und mit dem kochenden Wasser übergießen, damit das Blut sich löst. Die Knochen aus dem Wasser heben und Verunreinigungen entfernen. Alle Knochen noch einmal unter klarem Wasser abwaschen und in einen Topf legen. Großzügig mit kaltem Wasser (etwa 4 Liter) bedecken. Die Algen zugeben und aufkochen, dabei regelmäßig den Schaum von der Oberfläche abschöpfen.

• In der Zwischenzeit Zwiebel, Knoblauch und Ingwer schälen und in Stücke schneiden. Den Lauch schälen und ebenfalls in Stücke schneiden. Alles zusammen in einer Pfanne mit etwas Sonnenblumenöl 4 – 5 Minuten bräunen.

• Die Algen aus der Brühe heben und das gebräunte Gemüse zugeben. Den Deckel auflegen und 4 Stunden 30 Minuten bei schwacher Hitze köcheln.

• Den Deckel abnehmen, den Herd hochschalten und weitere 30 Minuten kochen, um die Aromen der Brühe zu konzentrieren. Abkühlen lassen.

• Vor dem Wiedererwärmen der Brühe mit einem Schaumlöffel das Fett von der Oberfläche abschöpfen.

麻油

DICKE SCHWEINEBRÜHE

ZUBEREITUNGSZEIT: 50 MIN.
GARZEIT: 7 STD.

Zutaten für 4–6 Schalen

- 2 Schweinehaxen, in Stücke geschnitten
- 6 Hähnchenflügel
- 700 g Schweineknochen, gehackt (bei Ihrem Metzger)
- 1 Zwiebel
- 1 Knoblauchknolle
- 5-cm-Stück frischer Ingwer
- Sonnenblumenöl
- 1 TL weiße Pfefferkörner, zerstoßen

• Schweinehaxen, Hähnchenflügel und Knochen getrennt in Wasser kochen, bis sich das restliche Blut und andere Verunreinigungen gelöst haben. Abgießen und die Knochen und Haxen gründlich bürsten, um wirklich alle Verunreinigungen zu entfernen. Alle Knochen in einen großen Schmortopf geben. Mit kaltem Wasser (etwa 4 Liter) bedecken und aufkochen, dabei regelmäßig den Schaum von der Oberfläche abschöpfen.

• In der Zwischenzeit die Zwiebel halbieren und mit der Schnittseite nach unten ohne weiteres Fett in einer Pfanne rösten. Mit Knoblauch und Ingwer ebenso verfahren. Das geröstete Gemüse zur Brühe geben und den weißen Pfeffer unterrühren.

• Den Deckel auflegen und die Brühe mindestens 7 Stunden bei schwacher Hitze köcheln, dabei regelmäßig den Wasserstand kontrollieren (die Knochen müssen immer mit Wasser bedeckt sein): Die Brühe ist fertig, sobald sie eine milchige Konsistenz erlangt.

• Das Fett mit einem Schaumlöffel von der Oberfläche abschöpfen, dann den Herd hochschalten und die Brühe um ein Viertel einkochen.

FISCHBRÜHE

ZUBEREITUNGSZEIT: 20 MIN.
GARZEIT: 5 STD. 30 MIN.

Zutaten für 4 Schalen

- 2 Möhren
- 1 Stange Lauch
- 1 Zwiebel
- 2 Knoblauchzehen
- 3-cm-Stück frischer Ingwer
- 2 EL Pflanzenöl
- 1,5 kg Fischgräten (keine Gräten von Fettfischen)
- 2 EL Pflanzenöl

Die Möhren schälen und in Stücke schneiden. Den Lauch waschen und ebenfalls in Stücke schneiden. Die Zwiebel schälen und in Stücke schneiden. Knoblauch und Ingwer schälen.

Das Öl in einem Schmortopf erhitzen und die Gräten 5 Minuten bei mittlerer Hitze anbraten. 4 Liter Wasser zugießen und alle Zutaten zugeben. Den Deckel auflegen und bei schwacher Hitze 5 Stunden köcheln.

Den Deckel abnehmen, den Herd hochschalten und weitere 30 Minuten kochen, um die Aromen zu konzentrieren.

DANKSAGUNGEN

Ich bedanke mich bei Aurélie und Charly für dieses schöne Projekt!
Dank auch an Servane für ihre Flexibilität und ihre Aufmerksamkeit während des gesamten Shootings!

MENGENANGABEN

	Metrisches System	Amerikanisches System	Andere Schreibweise
Flüssigkeiten	5 ml	1 Teelöffel	
	15 ml	1 Esslöffel	
	35 ml	1/8 Tasse	1 oz (oder once)
	65 ml	1/4 Tasse oder 1/4 Glas	2 oz
	125 ml	1/2 Tasse oder 1/2 Glas	4 oz
	250 ml	1 Tasse oder 1 Glas	8 oz
	500 ml	2 Tassen	
	1 l	4 Tassen	

	Metrisches System	Amerikanisches System	Andere Schreibweise
Gewichtseinheiten	30 g	1 oz	
	55 g	1/8 lbs	2 oz
	115 g	1/4 lbs	4 oz
	170 g	3/8 lbs	6 oz
	225 g	1/2 lbs	8 oz
	454 g	1 lbs	16 oz

	Wärme	°C	Thermostat	°F
Temperatur	Gering	70 °C	2–3	150 °F
	Warm	100 °C	3–4	200 °F
		120 °C	4	250 °F
	Mittel	150 °C	5	300 °F
		180 °C	6	350 °F
	Heiß	200 °C	6–7	400 °F
		230 °C	7–8	450 °F
	Sehr heiß	260 °C	8–9	500 °F

Übersetzung aus dem Französischen: Annette Mader
Lektorat/Redaktion: Christoph Eiden
Satz und Produktion: ce redaktionsbüro
Umschlaggestaltung: Roman, Bold and Black, Köln

Gesamtherstellung: Ullmann Medien GmbH, Potsdam

ISBN: 978-3-7415-2219-2

www.ullmannmedien.com
info@ullmannmedien.com
facebook.com/ullmannmedien
twitter.com/ullmannmedien

IN DER GLEICHEN AUSSTATTUNG ERSCHIENEN

EINFACH LECKER